The Legends of Mili

By Ms. Leslie Osborne's 7th and 8th Graders

The
Unbound
Bookmaker

THE LEGENDS OF MILI
Ms. Leslie Osborne's 7th and 8th Graders

THE UNBOUND BOOKMAKER
Find us on the web at: www.unboundbookmaker.com

To set up additional projects elsewhere in the world, please contact Jamie Zvirzdin at jamie@unboundbookmaker.com.

CREDITS
Special credit goes to Ms. Leslie Osborne and her 7th and 8th graders for taking the time and effort to complete this project. Thanks to Methan Daniel, the principal at Enejet Elementary, who supported this project. Thanks to Rimos Larring for helping translate all of the text from English into Marshallese. Also, a special thanks to all the parents and people on Enejet who helped preserve the stories from the Mili Atoll. Finally, thank you to the Ministry of Education in the Republic of the Marshall Islands for funding this project.

Editing, interior design: Sarah Jacquier
Image editing, cover design: Linda Stewart
Marshallese review: Cheta Anien
Production and publication: Jamie Zvirzdin

ISBN-13: 978-143-39126-8
ISBN-10: 143-39126-0

Printed and bound in the United States of America

Bok in ej iloķ ñan aolep
armej ro ilo Enejet, Mili.

Dedicated to all the people
on Enejet, Mili.

Mize

Eta in Mize. Ikōņaan iukkure baļebǫǫļ. Joñoul jilu aō iiō. Ij jokwe ilo Enejet, Mili. Kilaaj eo ej make wōt eṃṃantata ippa ej science. Kōļar eo ej make wōt eṃṃantata ippa ej būļu. Ṃōñā eo ej make wōt ennọtata ippa ej pinana. Al eo ej make wōt eṃṃantata ippa ej "Lañlōñ ñan Laļ."

My name is Mize. I like to play volleyball. I am 13 years old. I live in Enejet, Mili. My favorite subject is science. My favorite color is blue. My favorite food is bananas, and my favorite song is "Joy to the World."

Jilu Tọujin Iiō Emootļọk

Jilu tọujin iiō emootļọk armej raar itok ñan Ṃajeļ In. Raar jokwe ilo ṃōko kōṃṃan jān kimej in ni. Ejjeļọk mennin mour ippāer, ak eṃṃaan ro rej kōjerbal lippọn̄ ñan eọñōd kijeer ek. Elōñ armej raar ire kōn ṃōñā ñe rej kwōle. Elōñ armej raar mej jān ļañ im nañinmej. Raar ṃōñā mā, bōb, ek, im ni. Raar kōṃṃan amiṃaṇo im nuknuk jān kimej in ni.

3,000 Years Ago

Three thousand years ago people came to the Marshall Islands. They lived in houses made of coconut leaves. They had no animals, but men used a bow and arrow to kill fish for food. Many people fought for food when they were hungry. Many people died from typhoons or diseases. They ate breadfruit, pandanus, fish, and coconuts. They made handicrafts and clothes from coconut leaves.

Korin

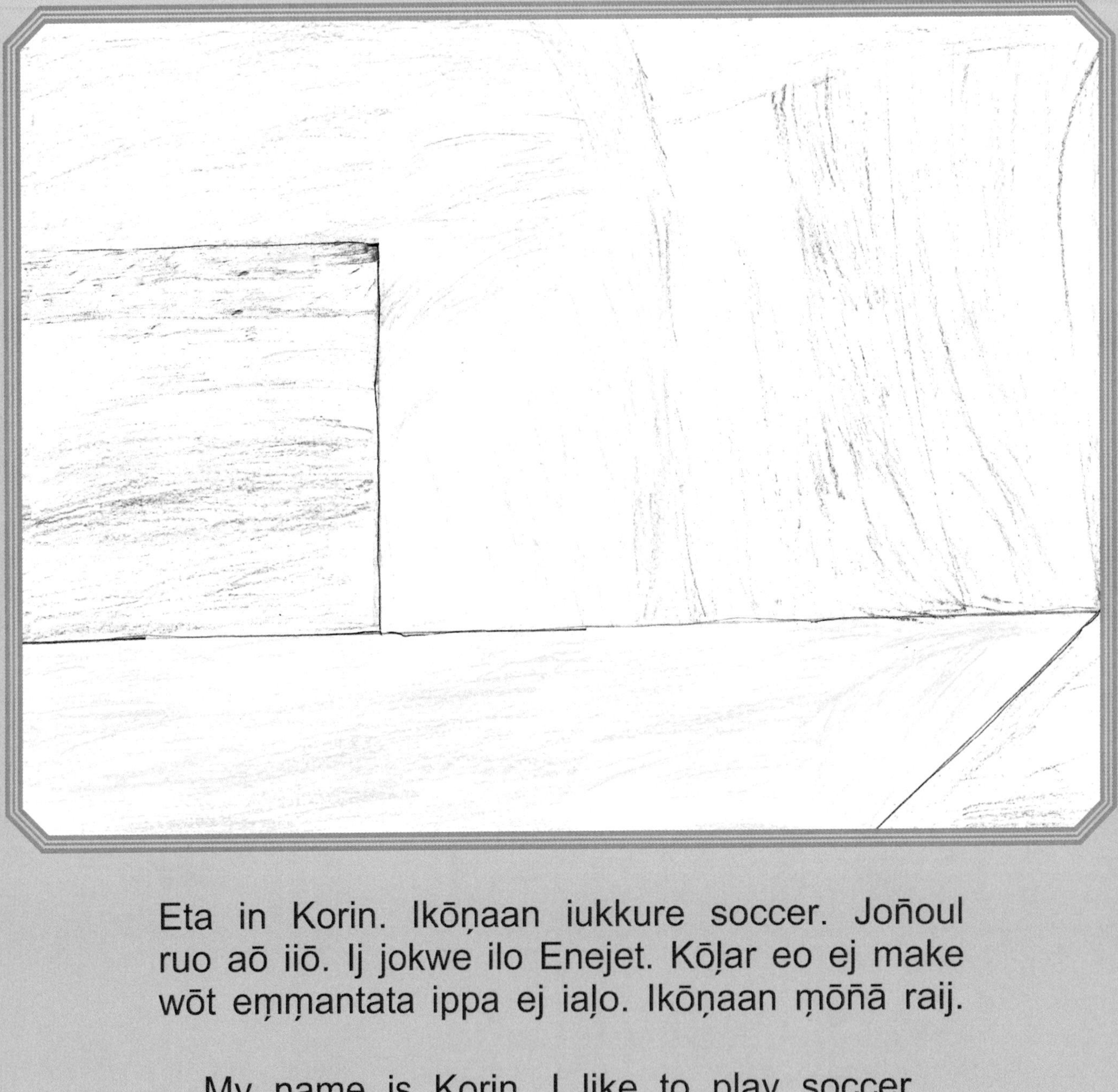

Eta in Korin. Ikōn̄aan iukkure soccer. Jon̄oul ruo aō iiō. Ij jokwe ilo Enejet. Kōļar eo ej make wōt eṃṃantata ippa ej iaļo. Ikōn̄aan ṃōn̄ā raij.

My name is Korin. I like to play soccer. I am 12 years old. I live on Enejet. My favorite color is yellow. I like to eat rice.

Jilu Tọujin Iiō Emootļọk

Jilu tọujin iiō emootļọk, eoktak mour jān mour in kiiō. Armej raar ṃōñā mā, ni, bōb, keinabbu, jine, im ek. Raar jokwe ilo ṃōko kōṃṃan jān kimej in ni. Elōñ armej raar mej jān ļañ, kwōle, rūtto, im pata.

3,000 Years Ago

Three thousand years ago life was different than it is now. People ate breadfruit, coconut, pandanus, papaya, crab, and fish. They lived in houses made from coconut leaves. Many people died from typhoons, hunger, old age, and wars.

Kajinre

Eta in Kajinre. Ij jokwe ilo Enejet, Mili. Joñoul emān aō iiō. Ij iakwe Mili bwe baam̧le eo aō ej jokwe ilo Mili. M̧ōñā ko rej make wōt ennọtata ippa rej raij im ek. Ikōņaan iukkure iakiu. Kōļar eo ej make wōt em̧m̧antata būrōrō. Kilaaj eo em̧m̧antata ippa ej bōnbōn. N̄e em̧ōj high school, ikōņaan erom juon ritariņae.

My name is Kajinre. I live in Enejet, Mili. I am 14 years old. I love Mili because my family lives on Mili. My favorite foods are rice and fish. For fun I like to play baseball. My favorite color is red. My favorite subject is math. When I finish high school, I want to be in the military.

Jilu Eṃṃaan

Juon tọujin iiō emootḷọk eaar wōr jilu eṃṃaan etāer in Lōnberan, Kojdik, im Lajdik. Juon raan Lajdik eo diktata iaer eaar etal ñan juon wa jidikdik im kitileek im ļadik ro jein raar jab maroñ loe. Im Lōnberan im Kojdik raar etal in eọñōd. Lōnberan eaar rūttotata eṃṃaan im eaar tōbwe Mili lōñtak jān ikjet. Im eaar wōr Mili ñan rainin.

Three Men

One thousand years ago there were three men named Lōnberan, Kojdik, and Lajdik. One day the youngest brother, Lajdik, went to a little boat and hid so his brothers could not find him. Then Lōnberan and Kojdik went fishing. Lōnberan was the oldest brother, and he pulled Mili out of the ground. And that was the start of the Mili Atoll.

Mighty

Eta in Mighty. Joñoul jilu aō iiō. Ikōņaan iukkure pāājkōt-bọọļ. Ij jokwe ilo Enejet. Ṃōñā ko rej make wōt ennọtata ippa rej raij im ek. Kōļar eo ej make wōt eṃṃantata ippa ej būrōrō. Pija eo ej make wōt eṃṃantata ippa ej *Pirates of the Caribbean* im likao eo ej make wōt eṃṃantata ippa ej William. N̄e irūtto inaaj erom juon ritariṇae.

My name is Mighty. I am 13 years old. I like to play basketball. I live on Enejet. My favorite foods are rice and fish. My favorite color is red. My favorite movie is *Pirates of the Caribbean*, and William is my favorite character. When I get older, I want to be in the military.

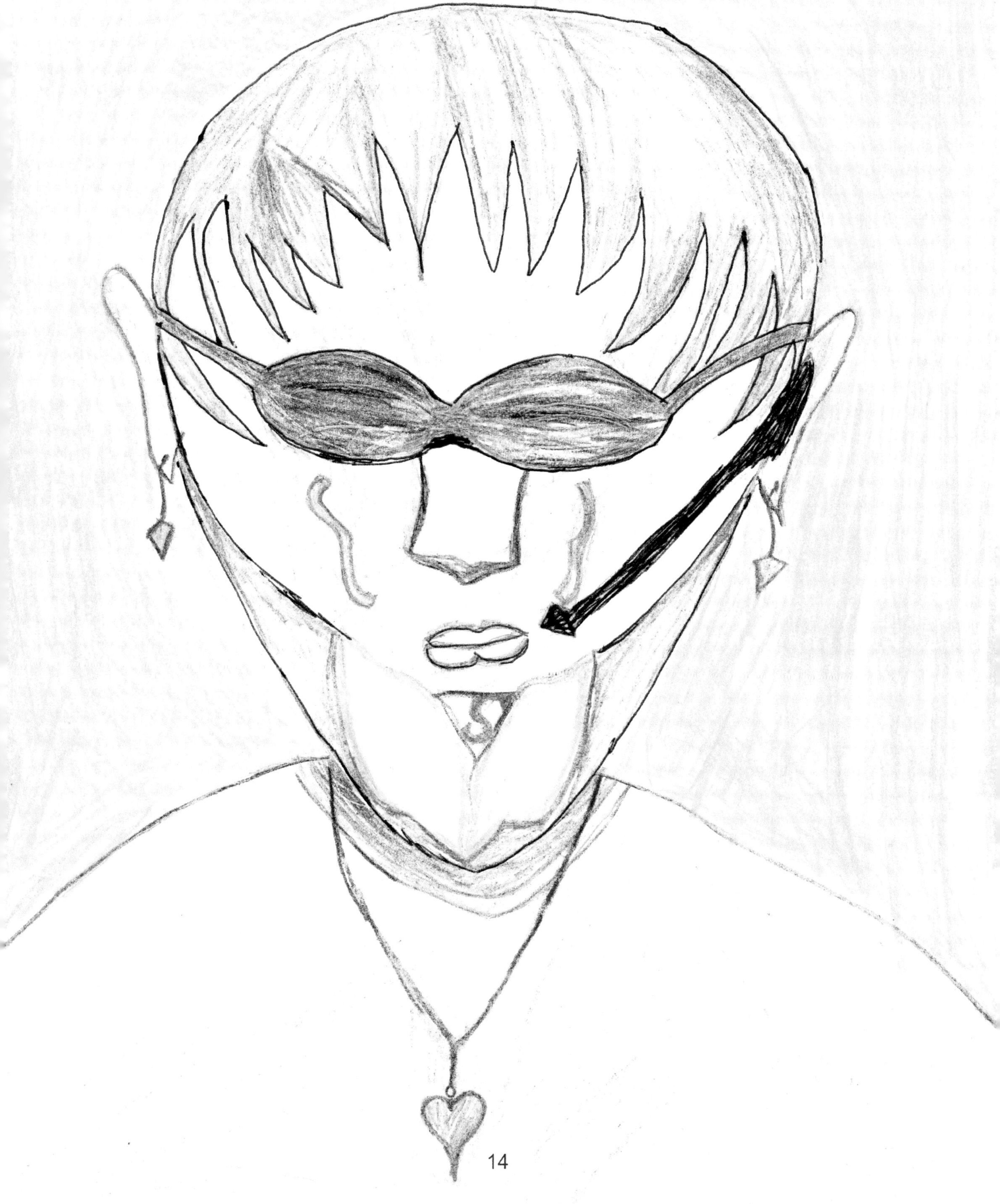

300

Ļajumaajaj

Etto im etto, eaar wōr juon eṃṃaan ineea, etan in Ļajumaajaj. Ļajumaajaj eaar jokwe ilo Lukwōnwōd. Juon raan eaar etal ñan Ņadikdik im ṃan aolep eṃṃaan ro ilo ijeṇ. Ke eaar dedeļọk, eaar etal ñan ijo jikin im kiki. Aolep eṃṃaan ro ilo Nadikdik raar etal im ṃan Ļajumaajaj ilo iien eo ke ej kiki.

Ļajumaajaj

A long time ago, there was a big man. His name was Ļajumaajaj. Ļajumaajaj lived in Lukwōnwōd. One day he went to Nadrikdrik and killed many of the men there. When he was finished, he went home and slept. The rest of the men of Nadrikdrik went to Ļajumaajaj and killed him while he was sleeping.

Joseph

Eta in Joseph. Ikōn̦aan iukkure ippān ro jerā, im uwe ioon juon baajkōļ, im alwōj pija. Pija eo ej make wōt em̧m̧antata ippa ej *Superman*. Joñoul ruo aō iiō. Ij jokwe ilo Mili. Kilaaj eo ej make wōt em̧m̧antata ippa ej bōnbōn.

My name is Joseph. I like to play with my friends, ride my bike, and watch movies. My favorite movie is *Superman*. I am 12 years old. I live on Mili. My favorite subject is math.

Ļajumaajaj

Etto im etto eaar wōr ruo eṃṃaan etāer Ļajumaajaj im Joseph. Ļajumaajaj eaar jokwe ilo Lukwōnwōd. Eaar kajoor, kilep, im nana. Joseph eaar jokwe ilo Enejet, eaar juon eṃṃaan eo ekajoor im jouj. Juon raan Joseph eaar etal ñan Lukwōnwōd im ire ippān Ļajumaajaj kōn ṃade eo an. Joseph eaar ṃan Ļajumaajaj im Joseph eaar wiin.

Ļajumaajaj

Many years ago there were two men named Ļajumaajaj and Joseph. Ļajumaajaj lived in Lukwōnwōd. He was strong, fat, and bad. Joseph lived in Enejet. He was a strong and good man. One day Joseph went to Lukwōnwōd and fought with Ļajumaajaj with his spear. Joseph killed Ļajumaajaj, so he was the winner.

Daniel

Iakwe, eta in Daniel. Joñoul ruo aō iiō im ij jokwe ilo Enejet, Mili. Ikōņaan iukkure āoō-ōer. Kilaaj eo ej make wōt eṃṃantata ippa ej bōnbōn. Pija eo ej make wōt eṃṃantata ippa ej *Spiderman*. N̄e irūtto inaaj juon rūkaki.

Hello, my name is Daniel. I am 12 years old, and I live on Enejet, Mili. I like to play soccer. My favorite subject is math. My favorite movie is *Spiderman*. When I grow up, I want to be a teacher.

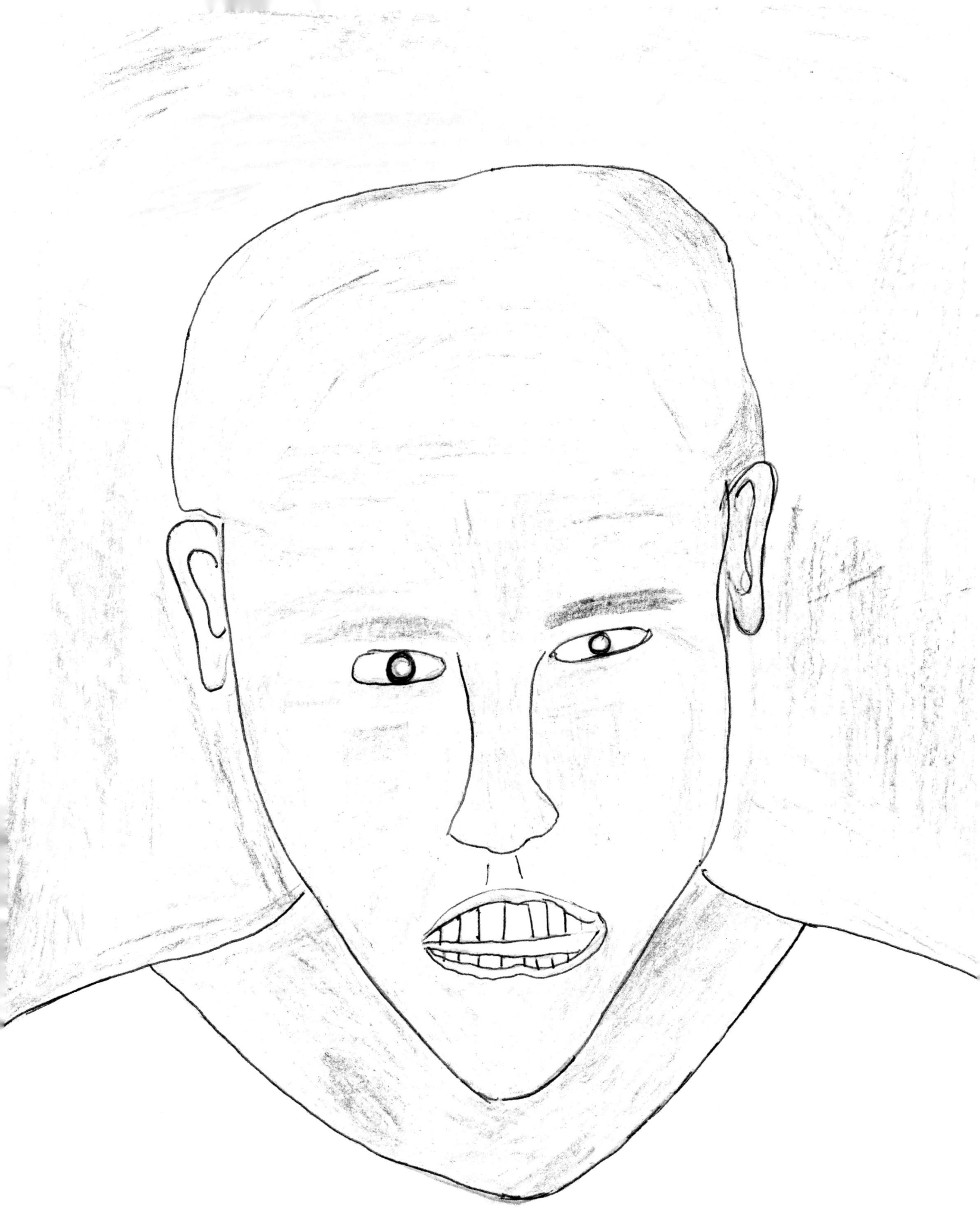

Aless

Etto im etto eaar wōr ruo eṃṃaan etāer Ļajumaajaj im Joseph. Ļajumaajaj eaar jokwe ilo Lukwōnwōd. Eaar kajoor, kilep, im nana. Joseph eaar jokwe ilo Enejet, eaar juon eṃṃaan eo ekajoor im jouj. Juon raan Joseph eaar etal ñan Lukwōnwōd im ire ippān Ļajumaajaj kōn ṃade eo an. Joseph eaar ṃan Ļajumaajaj im Joseph eaar wiin.

Aless

Many years ago there were two men named Ļajumaajaj and Joseph. Ļajumaajaj lived in Lukwōnwōd. He was strong, fat, and bad. Joseph lived in Enejet. He was a strong and good man. One day Joseph went to Lukwōnwōd and fought with Ļajumaajaj with his spear. Joseph killed Ļajumaajaj, so he was the winner.

Whitney

Eta in Whitney. Ikōņaan iukkure ippān ro jerā. Joñoul jilu aō iiō. Ij jokwe ilo Enejet. Kōļar eo ej make wōt eṃṃantata ippa ej mouj. Ṃōñā eo ej make wōt ennọtata ippa ej bōb. Kilaaj eo ej make wōt eṃṃantata ippa ej bōnbōn.

My name is Whitney. I like to play with my friends. I'm 13 years old. I live on Enejet. My favorite color is white. My favorite food is pandanus. My favorite subject is math.

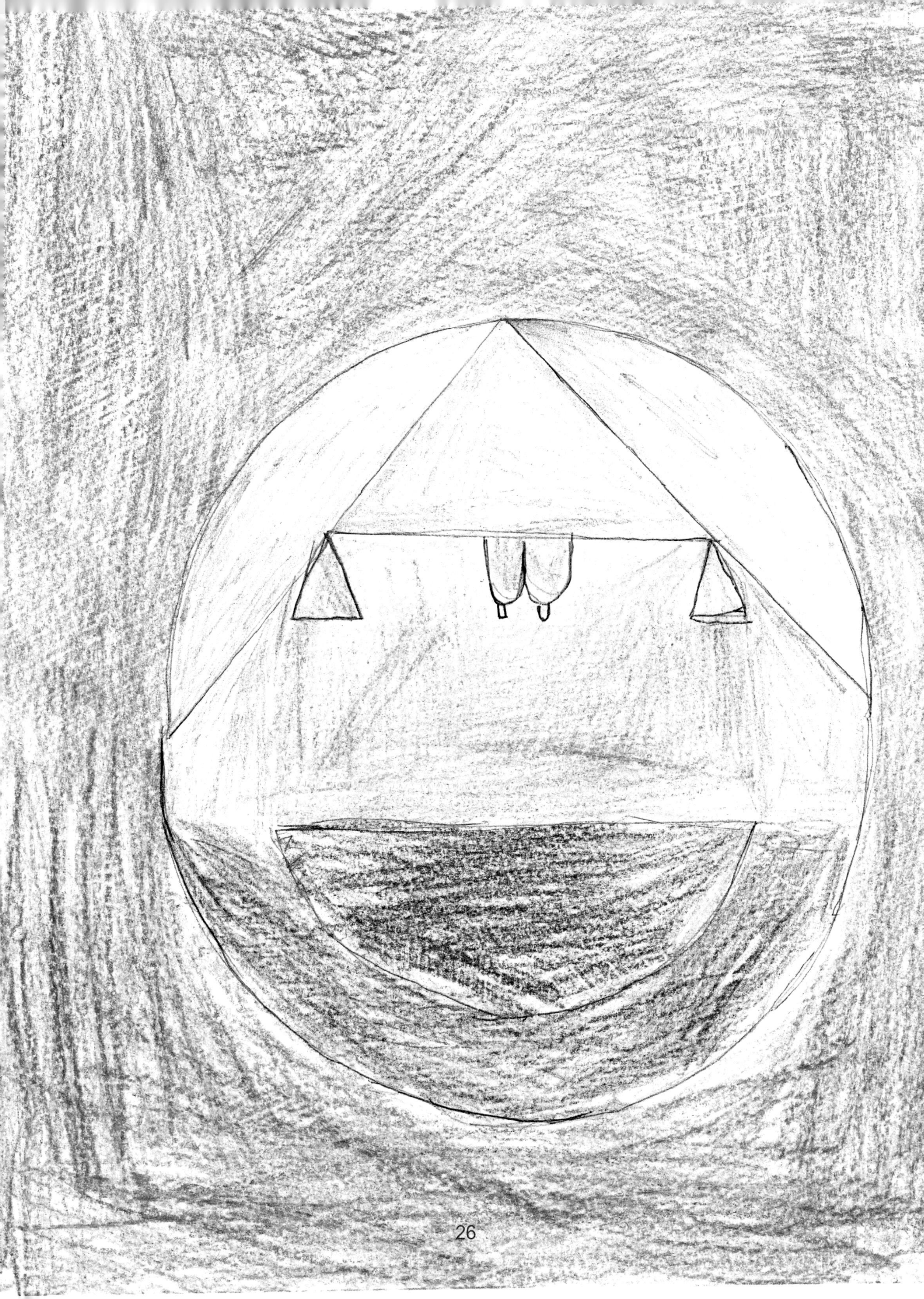

Aless

Etto im etto eaar wōr ruo eṃṃaan etāer Ļajumaajaj im Joseph. Ļajumaajaj eaar jokwe ilo Lukwōnwōd. Eaar kajoor, kilep, im nana. Joseph eaar jokwe ilo Enejet, eaar juon eṃṃaan eo ekajoor im jouj. Juon raan Joseph eaar etal ñan Lukwōnwōd im ire ippān Ļajumaajaj kōn ṃade eo an. Joseph eaar ṃan Ļajumaajaj im Joseph eaar wiin.

Aless

Many years ago there were two men named Ļajumaajaj and Joseph. Ļajumaajaj lived in Lukwōnwōd. He was strong, fat, and bad. Joseph lived in Enejet. He was a strong and good man. One day Joseph went to Lukwōnwōd and fought with Ļajumaajaj with his spear. Joseph killed Ļajumaajaj, so he was the winner.

Nineor

Eta in Nineor. Ikōņaan iukkure iakiu. Joñoul jilu aō iiō. Ij jokwe ilo Enejet.

My name is Nineor. I like to play baseball. I am 13 years old. I live on Enejet.

Jabōn Eo im Irooj Eo

Etto im etto, juon jabōn eaar jokwe ilo likiej in Lukwōnwōd. Juon raan irooj eo eaar etal im eọñōd im jabōn eo eaar etal im bōk lejļā eo. Irooj eo eaar jab kōṇaan jabōn eo im eaar etal ñan ļwe eo ilo likiej im bōrrāik jabōn eo. Jimettan in jabōn eo eaar aō im ko, im eaar oktak im juon likao ulieo. Irooj eo eaar illu im ṃan eṃṃaan eo.

Man and Snake

Many years ago a snake lived in thc lake on Lukwōnwōd. One day the irooj went fishing and the snake came and took the lerooj. The irooj did not like the snake and went to the lake and cut the snake in half. Half of the snake swam away and turned into a handsome man. The irooj was angry and killed the man.

Neiden

Eta in Neiden. Ikōn̹aan etal ñan im̹ōn jikuul̹, im kilaaj eo ej make wōt em̹m̹antata ippa ej science. Jon̄oul jilu aō iiō. Ij jokwe ilo Enejet. M̹ōñā ko rej make wōt enno̹tata ippa rej raij im piik. Kōl̹ar eo ej make wōt em̹m̹antata ippa ej kio, im pija eo ej make wōt em̹m̹antata ippa ej *High School Musical*. N̄e irūtto inaaj iukkure bal̹ebo̹o̹l̹.

My name is Neiden. I like to go to school, and my favorite subject is science. I am 13 years old. I live on Enejet. My favorite foods are rice and pig. My favorite color is orange, and my favorite movie is *High School Musical*. When I get older, I want to be a volleyball player.

Rianijnij

Etto im etto eaar wōr juon rlanijnij ilo Enejet. Rianijnij eo eaar etal ñan Majuro ilo waan anijnij ñan jipañ armej ro renañinmej. Ke rianijnij eo eaar rọọl ñan Enejet, ekar bōk elōñ kein mennin anijnij ippān. Juon raan rianijnij eo eaar etal ñan juon bade im aolep armej raar m̧ōņ-ōņō. Ālkin bade eo, iaar nañinmej im tutu iaar. Rianijnij eo eaar letok aō nuknuk in anijnij. Im iaar jab nañinmej. Aolep armej raar m̧ōņōņō bwe rianijnij eo ej jipañ er.

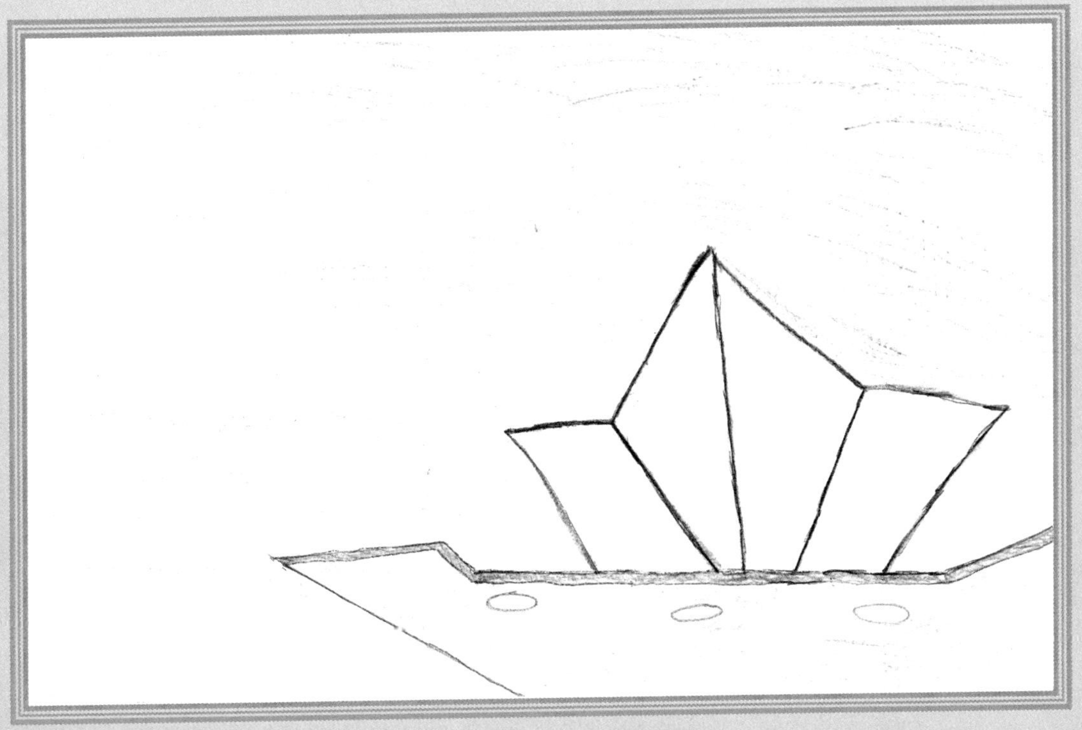

The Magic Man

Many years ago there was a magic man on Enejet. The magic man went to Majuro on a magic boat to help the sick people. When the magic man went back to Enejet, he brought many magic things. One day the magic man went to a party and all the people were happy. After the party, I got sick and swam in the lagoon. The magic man gave me magic clothes. Then I was not sick. All the people are happy because the magic man helps them.

Martha

Iakwe, eta in Martha. Ij jokwe ilo Enejet. Joñoul ruo aō iiō. Ikōņaan iukkure baļebooļ ippān ro jerā. Kōļar eo ej make wōt eṃṃantata ippa ej būrōrō. Kilaaj eo ej make wōt eṃṃantata ippa ej kajin pālle. Ikōņaan ṃōñā raij im ek. N̄e irūtto inaaj juon rūkaki.

Hello, my name is Martha. I live on Enejet. I am 12 years old. I like to play volleyball with my friends. My favorite color is red. My favorite subject is English. I like to eat rice and fish. When I get older, I want to be a teacher.

Mour Kiiō

Eoktak mour kiiō jān mour eo an rūtto ro ad. Kiiō armej ro rej m̧ōn̄ā pilawā, baankeek, tuna, raij, im ļoļe. Elōn̄ rijikuuļ rej etal n̄an m̧ōn jikuuļ ko im riiti bok ko. Ilo aelōn̄ ko ilikin ajri ro rej kōņaan iukkure baļeboōļ, bu-boōļ, im tutu iaar. Bōtaab ilo elōn̄ wāween ko mour kiiō ejjb āinwōt juon. Armej ro rej m̧ōn̄ā elōn̄ ejja kain m̧ōn̄ā ko wōt armej ro m̧okta rekōn m̧ōn̄ā, āinwōt ek, bōb, ni, mā, im keinabbu.

Life Today

Life now is different than the life of our ancestors was. Now people eat flour, pancakes, tuna, rice, and candy. Many students go to school and read books. On outer islands kids like to play volleyball and bu-ball, and they like to go swimming. But in many ways life is the same. People eat many of the same foods as people before did, foods like fish, pandanus, coconut, breadfruit, and papaya.

If you enjoyed this book, please consider starting
more projects like this for children around the world.

www.unboundbookmaker.com

Made in the USA
Middletown, DE
07 September 2022

73414443R00027